www.pamenarpress.com

Published by **Pamenar Press**

All rights reserved
Essay in Galician ©**Chus Pato, 2023**
Original poems by Chus Pato in Galician
©**Chus Pato** from *Sonora* (Vigo, Xerais, 2023).
Used with permission.
English translation of essay and poems
©**Erín Moure, 2023**

Poem in Galician "Colofón" by **Xosé Luís Méndez Ferrín**
©**Xosé Luís Méndez Ferrín**. Used with permission.
English translation ©**Erín Moure**.

First Published **2024**

ISBN: **978-1-915341-16-7**

Cover design and book design:
© **Studio "HEH"**-Hamed Jaberha

This talk by Chus Pato can be watched on the YouTube channel of the Aula Castelao Filosofía, at **https://youtu.be/20OHj2bI1vs?feature=shared**.
It first appeared in print in Galician in the Galician magazine *A Trabe de ouro: publicación galega de pensamento crítico*, issue 123, summer 2023, pages 89-103.

www.pamenarpress.com
info@pamenarpress.com

© *A poem thinks itself out in final lines - Un poema pénsase con versos finais*

All rights reserved. No part of this publication may be reproduced or transmitted in any form or by any means, or stored in any retrieval system of any nature without prior written permission, except for permitted fair dealing under the Copyright, Designs and Patents Act 1988, or in accordance with the terms of a licence issued by the Copyright Licensing Agency in respect of photocopying and/or reprographic reproduction. Application for permission for other use of copyright material including permission to reproduce extracts in other published works shall be made to the publishers. Full acknowledgement of author, publisher and source must be given.

table of contents:

6 - A poem thinks itself out in final lines

30 - Un poema pénsase con versos finais

54 - ADDENDUM

A poem thinks itself out in final lines

A poem thinks itself out in final lines
Un poema pénsase con versos finais

Chus Pato

In memory of Fernando Pérez
and Belén Feliú

Before I start, a clarification: I won't talk about poetry here. My focus—as per my title—is on the poem. I conceive of poetry as a life path, a broad path on which all arts, all techniques, can travel. In comparison, I think of the poem, simply, as the attempt to record, in a language, the amplitude of poetry. Poetry belongs to life; the poem belongs to that formulation of life we call Literature.

****

If we ask ourselves: does a text by Heraclitus *think?* There is no doubt; we answer that thinking is precisely this, is something that we come to comprehend in reading a text by, for example, Hegel, difficult as it may be for us to follow his reasoning.

If we ask ourselves: does a poem by Rosalía de Castro like "Goodbye rivers, goodbye springs, goodbye trickling streams..." *think?* Doubt may cloud our answer; at least, affirmation will possibly not be unanimous.

I'll begin with the following two premises:

—The writing of Philosophy and the writing of a poem are linguistic events.

—Every poem is a linguistic act that requires thinking. Or—in other words—it is impossible to write a poem that renounces thought.

What calls to me, what tugs at me here, is the desire to explore what the thinking of a philosophy text and that of a poem share and how they differ.

If this essay were a story we'd have two protagonists: a philosopher and a poet. The philosopher lives in a city and her usual medium would be the public square, the dialogue. We place the poet in the woods, amid the trees.

Of course, our philosopher would spend long periods in northern fjords or in the Atlantic woods—which no longer exist—of a country such as Galicia, and our poet would often visit the planet's cities, while opting, whenever possible, to lodge in the outskirts as she'd detest the public square. Even so, she might accept being photographed, as much in the Praza do Obradoiro of Santiago de Compostela as in the Zócolo of Mexico City.

At one point, the philosopher would publish a book that would directly attack the *ethos* of consensus. She'd be banished immediately and even, at worst, sentenced to death. Before ingesting the hemlock, she sings; what she sings is, of course, a poem.

The poet finally manages to write a poem. It's a wonderful poem and recognized as such by a small circle of readers and literary critics and theorists. But... not one of them manages to understand anything of it, and no one risks any type of thinking about this poem.

The poet gets annoyed with it all and decides not to write any more poetry. When she dies, she does anything but sing, yet might perhaps remember how to conjugate the verb for fire.

To sum up this more or less tragic view, that of a society

which gives credence to the word and to high culture, we can conclude that Philosophy leads to civil murder, and the Poem to some form, admitted or not, of ostracism, banishment, withdrawal, or self-annihilation.

Setting that story aside, I'll establish some notions to let me move on; I will try to trace them out a circle, not with a single stroke, but in segments. I know well that the circle is reputed to exclude that which is outside it; to me, however, the circle is a figure that, far from excluding, concentrates.

First Segment

In this segment, I will try to arrive at possible definitions of language in general *(linguaxe)*, voice, and tongue/language in particular *(lingua)*,[1] and establish as well what I understand by prior or aoristic psyche.

I understand by language in general *(linguaxe)* that power which allows us to articulate voice in a form of speech *(a fala)*, and consequently in writing. This capacity is not mediated by History; it belongs to the field of the evolution of the species.

Voice is the capacity nearest to language *(linguaxe)*, and the

---

1- TN: Galicians have many more words for *language* than we do in English. Language in general is *linguaxe,* a particular language is a *lingua. Fala* or *idioma* also can refer to a particular language, speech as it is spoken by a particular people in a particular place who understand what each other is saying. In English I often translate these latter two as *speech* and *idiom*, though those English words don't mean the same thing, really (*fala* and *speech* do, in part, and *idiom*, not at all, really, our *idiom* is too narrow). Otherwise, though, the two words just become *language* and *language*. You see the problem! As a result, in English, the clarity and movement of Pato's thinking is not available to us without qualifiers—which I've added, along with the original words in parentheses—or repetititions and feints. Thinking about language is more precise in Galician; more moves are possible. Just keep that in mind, in reading…!

necessary support for it to be transformed into a form of articulated speech *(fala)*. We share voice with animals, both mammals and others. This shared voice is sonorous and also mute—just think here of unarticulated human voice that emits sonorous expressions of pleasure, surprise, pain, etc. The voice belongs both to the field of the evolution of terrestrial species and to History. (I understand History as a whole set of civilizational stories or myths, and as the formalization of laws.)

A language in particular *(lingua)* is articulated voice, is what we understand as one form of speech *(fala, idioma)*. Any of the individual languages *(falas* or *idiomas)* that we speak or write is connected to historical narratives, is sonorous and articulated in all the variety of languages *(idiomas)* of *sapiens* mammals.

This segment could be depicted visually as two high columns and the corresponding void between them: the column on the left is language *(linguaxe)*, the one on the right is one way of speaking *(fala)*. The void holds the voice, which responds both to language *(linguaxe)* and to the form of speaking *(fala)* in which it is articulated.

Prior or *aoristic* psyche, to me, involves actions that in some way precede, but still border on, the articulation of the voice in a particular language *(fala)*: exclamatory sounds of pain or pleasure—as I already mentioned—but also oneiric images, gestures and dances.

I am aware that the aoristic is a verb tense. Still, I insist that this prior psyche has no relation to what we understand by chronology. It is transversal to all historical time or—if you like—it is a notion that sets us outside historical narrative.

As such: language *(linguaxe)* and voice are not historical; consequently, we cannot domesticate them, or subject them to what we understand as civilization or culture. Language *(linguaxe)* and voice are the sisters of the mountains, of the oceans, and even—at the risk of sounding sarcastic—of the general atmosphere in circulation. And like these, they are not interactive, don't invite conversation, don't give answers. They ask to be heard in their intensity which, though sonorous, is neither music nor a form of speech *(fala)*.

A poem belongs to a particular language *(idioma)* that lives always in History, in civilization, in the city, but a poem also responds to language *(linguaxe)* and to the aoristic voice that is the fount, the source of all particular languages *(idiomas)* and that, as we already know, is not domesicated, not urban, and can't be captured by the narrative of History.

A poem—and its movement, its thinking—is composed, yes, of reckonings and arguments but also of gestures, dances, images, of ghosts living or dead, of those spectres that repeatedly draw close to us, survivals or apparitions that we cannot avoid.

A poem occurs at that caesura or threshold or, if you like, at that border that marks the dividing line between the historical and the non-historical.

A poem is emitted at that threshold and introduces, into the speech *(fala)* common to all, the mark of a source that is insubordinate to the urbanity of the language *(idioma)* used to communicate, the one held in common.

Undoubtedly the poem makes use, as I've said, of argumentation or at least won't renounce this mode of forward movement. But will argument be central to its composition? Will it just use logic or will it be helped by other modes of thinking? We will return to these issues further on.

Second Segment

To write: we can speak of it in multiple ways.
We can also describe it like this: to write is to arrange a particular language *(lingua)* on a support, to arrange a vocal articulation on a screen; it is to transfer a fluid, articulated and sonic, into frost fallen on a park bench.
To write is to translate from a soundtrack to an optical track.
We ask: how do we get from this soundstream to an image?
We advance: to write is to trace an image on a support.
We ask: that image, of writing, is it mute? Mute like a painting?
Does it look like something we recognize as an image? What kind of image? (we often say images are mute, but are all images mute? Is the cinematographic image mute, is the oniric image mute? We tend to see image and language *(lingua)* as opposites; we actively try to forget that writing is an image. What kind of image?

Third Segment

I'll now focus my reflections on language as a given tongue *(lingua)*. I want as well to open a path toward the the adjective *maternal.*

To open the subject of language as tongue *(lingua)*, as we look back in time, we recall Aristotle.

Aristotle established a difference between voice and tongue *(lingua)*.

Voice is something we share with animals. A blackbird—she has a voice.

We say that the blackbird sings, but her voice is not articulated in a form of speech *(fala)*.

We talk; when we do so, articulating voice in speech—the philosopher continues—voice vanishes and, with it, our animal self.

To vanish, to forget, to cease to exist.

We have no voice. The animal does not exist.

To speak in a tongue *(fala)*, to articulate voice, is what allows us to distinguish good from evil, is what separates us from the animal (from the animal we are, and from other animals). We can distinguish good from evil because we forget voice in a vocal articulation, or so Aristotle concludes in Greek.

We ask ourselves: can a poem be understood from this perspective, from a thinking that splits animal voice from human language *(lingua)*, a thinking that separates them, introduces a schismatic impossibility between the two?

Is a poem a linguistic creature that sacrifices/ignores the voice so as to distinguish between good and evil?

In my case, I maintain that voice is the *only* possibility for the articulation of a language *(idioma)*. Aristotle's proposal is something that clearly traverses and configures us, but I still—stubbornly—maintain that sacrifice/ignorance of the voice is an impossibility. Insofar as I am concerned, at least, I will say: I am a human mammal. To me, the voice that female sperm whales use to communicate with each other is as perfect as the one I use to address you now. And I renounce the establishment of any kind of hierarchy between the blackbird and me (my name is not Adam, and I do not situate my home in paradise).

As well, I renounce the hierarchy that places me above the female sperm whale precisely because I know the difference between right and wrong. I share with these beings the terrestrial dawn that is language *(linguaxe)*.

I conceive of speech *(fala)* as the impossibility of ridding myself of the animal, and as the only possibility I have of being able to configure a writing that chooses between good and evil.

I try to write poems that do not contradict what I maintain here. Moreover, I affirm: the poem itself insists that I must not distort its writing with the perverse illusions of the *sapiens* species to which I belong.

To me, the poem is a creature that accepts the animal voice, the finite voice of the animal, the mortal articulation of the animal, and that traces, in being written down, an image on a snowy surface.

Ways of speaking *(falas)*, writings, languages *(idiomas)* are historical—subject to different myths and tales, as already pointed out; voice and language itself *(linguaxe)*, our linguistic capacity, is not historical. It is the very possibility that enables us to speak, to write, and to construct historical accounts. It both precedes and conjugates our presence, our earthly appearance.

Voice, life, linguistic capacity *(linguaxe)*, are not chosen, just as no one chooses to be born. Our way of speaking *(fala)*, the language *(idioma)* in which we write, however, can be chosen. And in all cases, writing is something chosen.

    Now to delve for a moment into the archive called *maternal*. We tend to think that *maternal* has no place under the rubric of History; we tend to think that *maternal* falls on the side of what—our optic here is already biased—we call nature.

    Nature, in this biased view, is set against the linguistic; nature and voice are, instead, situated on the side of the animal.

    Nature and *maternal* both fall on the side of death.

    As such, it is pertinent to ask: what is the *maternal*?

    Of course, *maternal* is the womb that nurtures us with blood in amniotic darkness, and is connected to the unborn creature via the navel. Made of our body's most resistant tissue, the navel can withstand such fiery temperatures that in India or in a traditional crematorium, it is returned to the family with the ashes of the deceased.

    Maternal is also the mother, each of the mothers who address us, as newborns, in a language *(lingua)* of which we are ignorant and that we learn from her mouth. This mother who transmits the tongue *(lingua)* is historical, as is the way of speaking *(fala)* that she teaches us.

    Given this, we can ask: what embers might have burned in the mouth, on the tongue, of the mothers of poets Manuel Antonio, Xohana Torres, Rosalía de Castro? And what relation is there between what burned on those mothers' tongues, and the poems written by Eduardo Pondal, Álvaro Cunqueiro or Xosé Luís Méndez Ferrín?

    We could say that the poem goes from maternal to maternal: from the mother who, in her womb, generates language *(linguaxe)* and voice, to the mother who transmits to us the very tongue *(lingua)* that we speak.

To close this segment, we might think of the poem as a winged being—like thinking. Perhaps it is easier to imagine it as a butterfly. One wing would be mother language *(linguaxe)* and the other mother speech *(fala)*. Where this double notion of the maternal intersects—the body of the insect—is the poem, a poem simultaneously silent, sonorous, and articulated. Speak and be silent; learn to speak and forget.

Fourth Segment

A living being is subject to birth and to disappearance, thus it is not immortal.

I think of the poem as a living being, and accept its disappearance.

I introduce the notion: no poem is immortal. Of course the mortality of a mountain range is not the same as that of a soap bubble.

To avoid misunderstanding the conception of the poem as living being, I add the following: to conceive the poem as a living being does not contradict seeing it as technique.

Technique here is not in opposition to nature.

Our *sapiens* nature is a technique.

Articulated language *(lingua)* is a technique.

Voice is precisely the medium that makes the technology of a language *(idioma)* possible.

Nature is not only what we observe when we say: what a

beautiful landscape. Nature, above all, is that which we are.

One of the figures of nature is us, and another of its manifestations is configured as a poem.

A poem is a technique/a metre, and is in no way something irrational.

I'll add—from another angle—that I conceive the poem as having subjectivity, as a subject. I do not admit a hierarchy between poet and poem.

When I affirm that it's a subject, I am trying to express that without the poem, there is no poet; the poet is that person who writes poems.

It's the poem that determines the existence of the poet and not the contrary.

We say: a poem is a living being.

We ask: what kind of a living being?

We answer: a linguistic being, one that configures the language (*lingua*) proper to it within that language (*lingua*) which is common, whatever the language (*idioma*) in which the poem is written.

This we know: the three most common uses of articulated language (*lingua*) allow us to utter:

—a world: this is a butterfly.

—an I: I love the butterfly.

—a concept: there is butterfly.

We ask: what relation is established between the language (*lingua*) of the poem and the language (*lingua*) of daily use?

A poem is a living being (oral or written) that, with the same words that we use to utter a world, an I, or a concept, constructs another use that does not serve to propose a world. Nor to express the emotions or feelings of an I, nor to delineate concepts.

A poem is a living being born when the language (*lingua*) of daily use fails us, when we go mute and forget the language (*lingua*) we use to communicate.

Forgetting a language of daily use means returning to the place of sonorous muteness, to the time when we did not know how to speak and had to learn. It means returning to the time of the sleeper because when we wake up we have to remember speech, which we forget every night when we close our eyelids.

Because the language (*lingua*) is not learned once and forever, we learn it and forget it daily.

And it means returning to that earlier psyche, to that aoristic time in which we as a species were on the brink of speaking, but... did not... speak yet.

We go mute in various circumstances; we go mute in general in the face of the great themes of the poem: birth, love, and death, and all the subsets derived from them.

The poem is somehow a language (*lingua*) that insists on speaking and writing the mute: childbirth, love, and death. It does this in many ways and traverses all the possibilities of our particular language (*lingua*) of daily use and of its absence, to utter what cannot be uttered, the unsayable.

When we speak of the unsayable we are not referring to a lack or deficit in our language (*lingua*). We refer to a radical impossibility for the species to which we belong: the impossibility of saying something about birth, love, or death.

But the poem lives in this burning, in this hunger that is its insistence on speaking what is unknown, what cannot be said.

It goes without saying that every poem is a failure, but this being a failure is inseparable from our presence on the Earth, because what we celebrate in that failure, in those final lines, is the voice and the possibility we have of articulating it and speaking...
speaking so as to say all of it
speaking so as to say nothing and speaking for the sake of speaking
speaking to question ourselves and speaking to say that no, we
are not in favour of the privatization of the language (*lingua*), the privatization of the voice
that we are not in favour of being left wordless, without capacity to discern good from evil and reduced to a form of bondage
by all that happens to us

A poem is written from the side of justice, never from the empire of linguistic laws.

A poem is an animal that feeds on the blood of its forebears and spits it out using words of the language (*lingua*) of daily use.

A poem is a being outside judgement.

In thinking on the poem, we may also ask ourselves about the dreams of the poem: what does a poem dream of? Perhaps we can find some indication by approaching the limits of the poem just as it is coming into existence.

One answer might be that the poem dreams of being music, which is to say, of annulling the sign that is the word. And another might be that it dreams of being concept or cipher and wrestling with them as do Mathematics or Philosophy.

So the limits of a poem could be, on one hand, music, and on the other logical and mathematical argumentation.

But a poem, though a musical being, cannot be music.

But a poem, though a being that presents argument, cannot be philosophy.

But a poem, though a being that calculates, cannot be mathematical.

A poem moves and dreams between music, philosophy and mathematics as a being in and of itself. As a word destined to the immemorial, to birth and to our finitude, destined to celebrate what exceeds it. *Sublime* is that we can articulate voice in a form of speaking (*fala*) and translate this speech into an image that we call writing.

We read poetry, we listen to poetry so as to understand. To understand is to expand the body; this expansion would be the thinking of the poem. It is a thinking that is modulated as music but from the sign, a thinking that does not only advance via argument. It advances via intensities: sonorous intensities, and intensities that come from images and gestures, from that prior or aoristic psyche, archaic because images, gestures, emotions are anterior to the articulated language (*lingua*) that we speak.

When we read a poem aloud we dance, we move our body because the act of reading aloud excites us and we can't stay still. Perhaps the quiet of theory or contemplation comes later, after the action that is reading aloud. It's later that we understand the wonder and our mind sinks into that understanding, completely forgetting itself, in a time that opens outside the day's hours.

This is why neither this mendicant writing which is the poem, nor its speaking, can be judged by the voice, in which we articulate the immemorial celebration of who we are, living beings that the poem speaks, subject as is the poem to birth, to the coming of light and to breathing of air—pneuma, yes: subject to love and death.

Fifth Segment

The ways in which a poem can be written are infinite, can be counted over millennia. Here I want to talk to you about the formulation that can be stated like this: a poem that is and is not a poem.

To get there faster, I will solicit help from Ishigami's table—please turn on your mobile phones and search for "Ishigami table" or "table of Ishigami."

Ihshigami's table is a table that is and is not a table. It's a table because it's obviously a table, but we can't dine on it, we can't play cards on it or any other game; we can't even touch it with the tip of a finger: when we do, the table collapses. However, Ishigami's table is a table.

There are titles that work like Ishigami's table, for example, *Trilce*, by César Vallejo. After a century of interpretation, we still are not sure what it signifies. But without this book, 20th century Western poetry would not be what it is.

There are poem lines that work like this, for example, from Xela Arias: "The language strips me and finds me sweating in AIDS."

There are poems that work like this, for example this one—I'll quote the first half—by Xosé Luís Méndez Ferrín at the end of

Estirpe (1994, reissued 2019) titled "Colofón," here in Erín Moure's translation, as "Colophon."[2]

> Heritage of words, drizzle, earthly Sárdoma.
> The concepts are these: scrub, broom spike,
> highrut, Carnota. Weedtangles of meaning, the fallows
> in which being takes root: in ragged roughs, in rocksoil.
> Támega, Tamuxe, Tameiga, such waterlogged fens; Arnoia
> that is the primal and final pine-needle (windsound) of my life-breath.
> Come unto me, Arousa, strewgrass.
> Open your mouth to my fingers, Arousa my mistress.
> A pier into the Barbanza named Pondal.
> And ribbed timbers starboard, and ribbed timbers port.
> Arteixo rolls its cart wheels over hereditary hillplots
> via ancestral seedings of the spirit that was never conquered.
> Great gannet, it is; and me timid gull.

---

[2] TN: a poem nearly impossible to translate in English without domesticating its layers and missing the meaning entirely. It's a poem that evokes the lands of Galicia, its history, a poem carried by sound-play and avid sonorous energy, engaging the repeated rhythmic qualities of words, and using rich Galician words for places, rivers, terrain, etc., many of Celtic origin, linguistic remnants of the Castrexo culture that was gradually erased by Roman and subsequent colonizations. Treasures that link Galicians to their own earth. Many of the words even Galicians would have to look up, as they are not in common usage, or use spellings that come from recording orality in the accent of the area of Ferrín's birth (and Pato's), as Galician was oppressed and not taught for so many decades that people (especially in cities) became removed from its richness. A further note: without Xosé Luís Méndez Ferrín (one of Galicia's greatest writers), there would be no Chus Pato. (In fact, his poem is dedicated to Chus Pato and to Xabier Cordal, another fierce poet of Pato's generation.) I perhaps could translate them with Irish or Scots terms, countries of similar wetness, terrain, greenery and histories of an imperial colonization that weakened their language and culture. But it is best not to, best to give you this version which uses some words created via the Germanic capacity of English to make new compound nouns, so as to make distinctions not available in our English of daily use (but yes, in Galician). In an addendum, you will find the whole poem in Galician and English and some further explanation of what is at stake in translating it. Here Pato's point is about the poem itself, aside from translation. So back to Pato!

In general we don't understand these poems at first and, thus, some critics speak of them as experimental or avant-garde, which are terms critics use when they want to be condescending or paternalistic toward the poem. In reality, what they don't want is to really engage with the poem or maybe they lack—some at least—the capacity to understand the difference that a poem of this type introduces into repetition. In this sense, I'd like to recall that the canon is comprised of poems that, within the repetition of what is a poem, introduce difference. This difference marks their contemporaneity, and the notion of contemporaneity here is one we must not confuse with actuality, with what is currently in the public eye.

I admit a certain preference for this type of poem.

A poem is a poem because its calculations are perfect, because it cannot be interfered with, it is missing nothing and nothing is left over, and it is better not to be tempted to start conversing with it. A poem does not instigate a conversation, it is not interactive. A poem is like an ocean, like a mountain range, like a desert, like a grave. We can certainly talk to the oceans, the mountains, the deserts and the dead; no one forbids it. But are the waves, the woods, the dead, the poems interactive?

My ideas here are not in contradiction with the possibility of talking about and interpreting poems; poems themselves allow us to do this. But expecting answers from a poem, attempting any kind of interaction with it, is decidedly a waste of time and patience.

A poem is written, thinks itself out, in final lines.

All that's left now is to ask: what is a final line? I don't know how many sessions we would need to answer this question (TN: you can find one clue by going back in this essay). You'll have to allow me the possibility of ending my talk here, by reading you two poems from *Sonora*, a new book which appeared in November 2023 in Galician from Xerais.[3]

Self-Portrait or Encounter with Gesture and Ancient Psyche

If you look at me in the mirror
you'll see poplars
toward sunrise a park
at its top, urban structures,
toward sunset the waters run free
and the trees bunch in oakwoods
or are dome for the river
the fields soak up water and reflect wintry skies
behind them, industrial warehouses.
If you look at me in profile in the mirror
you'll see that waking faces south
while the bedsheets pull irresistably north.
Durer painted the pillow he slept on six times
perhaps to decipher the rhythm of images that come only with eyes
    shut tight
If you look in the mirror
you'll see a bus disgorging tourists who peer around with interest
you'll see an old woman very upright

---

[3] And eventually in English, somewhere, in an EM translation.

pray and accompany her prayer with movements that are in
 themselves a rite
she's not praying because she thinks that my breath is about to leave
 my body
she prays because she knows that the words of prayer soothe pain
she moves because she knows that gesture and dance are more
 ancient than words.
No, it wasn't death whom I saw
the one whom I saw was Time
I saw its feet and legs, it wore peter-pan stockings and fled
of course
I saw the hem of its cape, a short cape
that's what I saw.
If the spirit had a centre
it would gather there the tumult of fifty thousand buffalo with throats
 slit
it has no centre
it expands through each and every pore of the psyche, which is blind
and is archaic and precedes gesture
and precedes the sequence of peter-pan legs and short cape,
or not?
My dreams face the south
because I sleep on my right side so as not to burden my heart
sacred and ardent heart
Aië, heart!!!

Stalker

:::: anthracite
:::: belladonna *purpurea*
:::: carbuncle
:::: digitalis
:::: let them draw near
:::: foxglove
:::: gorget
:::: Timurid pentalogy **Herat**
:::: ithyphallic –standing stone– Limia/Lascaux
:::: k
:::: L :::: M
:::: semicircular arch that shields wanderers caught by unexpected showers

nymphaeaceae

Water lily is the usual name of the Nymphaeaceae that in Galician is nenúfar *or* ninfea, *and in French,* nénuphar *or* nymphéa. *Any tourist who's curious can see Monet's* Nymphéas *in the Orangerie, by the Jeu de Paume. The Jeu de Paume has a pediment that lays claim to the Basque lands of Nafarroa Beherea, Lapurdi and Zuberoa for the French State. Any Limian, tourist or emigrant in Paris say in the 40s of the last century, would translate the title of Monet's paintings as* As auganas. **Augana** *is the word Limians used and maybe still do, for a water lily, back when they bloomed in the Antela. Born when the Antela was drained, we never saw such flowers; yet*

> *often we heard a voice alive or dead utter* augana *and in the eyes of memory we'd glimpse the referent afloat on the waters.*

::::: letter that shepherds use to fend off April showers and thunderstorms of May
::::: second surname of my father
::::: first surname of my father
::::: emirates – is she still alive?
::::: constellation of the Stalker

> The houses are two, deep in a forest, and in them one's most cherished desires are fulfilled. In one house the hero throttles a possessed woman, on his return he crosses paths with the constellation of the Antichrist and realizes that **reynard**, crow, and doe can also be redeemed. The Stalker slips out of the forest edge or "primordial nature"; the bodies of women burned through the ages head to the peaks. Hallowed ones.

::::: Stalker
::::: Tarkovsky
::::: u
::::: v for victory / plovgh
::::: w for arrowhead / plow
::::: unknown
::::: path that bifurcates
::::: Zone

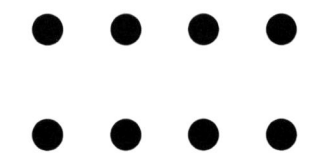

Un
poema
pénsase
con
versos
finais

Un poema pénsase con versos finais

Chus Pato
Na lembranza de Fernando Pérez e Belén Feliú

Antes do comezo permitídeme unha puntualización: non falarei de poesía; centrareime–tal e como o título adianta–no poema. Concibo a poesía como un dos camiños da vida, un sendeiro amplísimo polo que circulan todas as artes, todas as técnicas. Pola contra, penso o poema tan só coma o intento de anotar nunha lingua a amplitude da poesía. A poesía pertence á vida, o poema pertence a aquela fórmula da vida que denominamos Literatura.

****

Se preguntamos: un texto escrito por Heráclito pensa? A dúbida non existe; contestamos que precisamente o pensamento é iso, aquilo que logramos comprender ao ler Hegel, por moi difícil que nos resulte seguir os seus razoamentos.
Se preguntamos, un poema coma *Adeus ríos, adeus fontes, adeus regatos pequenos...* pensa? A dúbida pode pairar sobre a nosa resposta; en todo caso a afirmación posiblemente non será unánime.
Partirei das premisas seguintes:
–A escritura da Filosofía e a escritura dun poema son acontecementos lingüísticos.
–Todo poema é un acto lingüístico que require para si pensar.

Ou–o que vén sendo o mesmo–é imposible escribir un poema que renuncie ao pensamento.

O que me chama, o que tira por min é indagar que comparten e en que se diferencian o pensamento dun texto de filosofía e o dun poema.

Se este relatorio fose un relato presentariamos dous ou dúas protagonistas: unha filósofa e unha poeta.

A filósofa vive nunha cidade e o seu medio habitual sería a praza pública, o diálogo.

A poeta situámola nunha fraga.

Por suposto, a filósofa pasaría longas tempadas nos fiordes do norte ou nas fragas atlánticas–esas que xa non hai–dun país coma a Galicia autonómica e a poeta visitaría a miúdo as cidades do planeta, aínda que optaría, sempre que lle fose posible, por hospedaxes nos suburbios e detestaría a praza publica. Con todo, podería aceptar ser filmada tanto no Obradoiro de Santiago de Compostela coma no Zócolo da cidade de México.

Nun momento determinado a filósofa publicaría un libro que atentaría directamente contra o *ethos* pactado. Sería inmediatamente desterrada e, no peor dos casos, condenada a morte. Antes de inxerir a cicuta, canta; canta, naturalmente, un poema.

A poeta por fin logra escribir un poema. É un gran poema e así é recoñecido por un pequeno círculo de persoas lectoras e de teóricas e críticas literarias. Pero… ninguén logra entender nada e ninguén arrisca calquera tipo de pensamento sobre o poema.

A poeta anóxase con todo isto e decide non volver escribir poesía. No momento de morrer fai calquera cousa agás cantar, pode se cadra lembrar como se conxuga o tempo verbal do lume.

Resumindo–e desde esta visión máis ou menos tráxica, a dunha sociedade que lle concede creto á palabra e á alta cultura– concluiremos que a Filosofía conduce ao asasinato civil e o poema a algunha forma declarada ou non de ostracismo, desterro, retirada ou suicidio.

Saíndo do relato, establecerei algunhas nocións que me permitan avanzar; tentarei trazar un circulo. Tentarei chegar ao remate do círculo non cun só e único trazo, máis ben debuxareino por segmentos. Ben sei que o círculo carga coa fama de excluír o que se establece fóra do que delimita; pola contra eu reivindico que o círculo é unha figura que, lonxe de excluír, concentra.

*****

Segmento primeiro

Neste trazo tratarei de achegarme a unha posible definición de linguaxe, voz e lingua e establecer o que entendo por psique anterior ou aorística.

Entendo por linguaxe aquela potencia que nos permite articular a voz nunha fala e consecuentemente nunha escritura. Esta capacidade non está mediada pola Historia, pertence ao campo da evolución das especies.

A voz é a capacidade máis achegada á linguaxe, é o soporte necesario para que a linguaxe se transforme nunha fala articulada. Compartimos a voz cos animais mamíferos e non mamíferos. Esta voz compartida é sonora e ao tempo muda–pensade, sen ir máis lonxe, na voz humana non articulada que emite expresións sonoras de pracer, de sorpresa, de dor etc. A voz pertence tanto ao campo da evolución das especies terrestres como á Historia (entendo Historia como o conxunto de relatos ou mitos civilizatorios, entendo a Historia como a formalización da lei).

A lingua é a voz articulada, o que entendemos por fala ou idioma. Calquera das falas ou idiomas que falamos ou escribimos está suxeita aos relatos históricos, é sonora e articúlase nos diversos idiomas dos mamíferos *sapiens*.

Graficamente este segmento podería visualizarse coma o alzado de dúas columnas e o baleiro correspondente entre elas: a da esquerda é a linguaxe, a da dereita sería a fala e no baleiro centrariamos a voz, que responde ante a linguaxe e ante o idioma no que se articula.

Entendo por psique anterior ou aorística un conxunto de accións que dalgunha maneira son anteriores, pero fronteirizas coa articulación da voz nunha fala: actividades sonoras exclamativas da dor ou do pracer–como xa avancei–pero tamén imaxes oníricas, xestos e danzas.

Son consciente de que o aoristo é un tempo verbal; así e todo, insisto: esta psique anterior non garda relación co que entendemos por cronoloxía. É transversal a todo tempo histórico ou–se queredes–unha noción que nos instala fóra da narrativa histórica.

Dicimos: a linguaxe e a voz non son históricas; en consecuencia non podemos domesticalas, nin sometelas ao que entendemos por civilización ou cultura. A linguaxe e a voz son irmás das montañas, dos océanos, mesmo–poderiamos dicir cunha tonalidade algo sarcástica–da circulación xeral atmosférica. E o mesmo ca elas non son interactivas, non admiten conversa, non dan resposta. Convidan a ser escoitadas na súa intensidade que sendo sonora nin é música, nin é unha fala.

Un poema perténcelle ao idioma que vive sempre dentro da Historia, da civilización, da cidade, pero un poema responde tamén á linguaxe e a voz aorística que é o nacente, a fonte de todo idioma e que como xa sabemos non é doméstica, non é urbana, non pode ser capturada polo relato da Historia.

Un poema e o seu avance, o seu pensamento, componse, si, de cálculos e argumentos pero tamén de xestos, de danzas, de imaxes, de fantasmas vivos ou defuntos, daqueles espectros que de xeito recorrente nos dan alcance, daquelas supervivencias ou aparicións que non podemos evitar.

Un poema dáse nesa cesura ou limiar ou, se queredes, nesa fronteira que marca a divisoria entre o Histórico e o que non o é.

Un poema emítese aí, nese limiar, e introduce na fala común a marca da fonte insubmisa á urbanidade do idioma de uso comunicativo, de uso común.

Sen dúbida o poema fai uso, repítoo, da argumentación ou cando menos non renunciará a este modo de avance. Pero será central a argumentación para a súa composición? Servirase só da lóxica ou recibirá axuda doutras maneiras de pensar? Volveremos axiña sobre estas cuestións.

Segmento segundo

Escribir: podemos dicilo de múltiples maneiras.
Tamén podemos dicilo así: escribir é dispor a lingua nun soporte, é dispor unha articulación vocal sobre unha pantalla, é trasladar un fluído articulado e sónico sobre a xeada que caeu no banco dunha alameda.
Escribir é traducir desde a banda sonora cara á banda óptica.
Preguntamos: como logramos ir desde un fluxo sonoro a unha imaxe?
Avanzamos: escribir é trazar unha imaxe nun soporte.
Preguntamos: esa imaxe, a da escritura, é muda? Muda coma unha pintura? Parécese ao que recoñecemos como imaxe? A que tipo de imaxe? (adoitamos dicir que as imaxes son mudas, pero son todas as imaxes mudas? É muda a imaxe cinematográfica, é muda a imaxe onírica? Adoitamos contrapoñer imaxe e lingua; tratamos interesadamente de esquecer que a escritura é unha imaxe. Que tipo de imaxe?)

Segmento terceiro

Centrarei agora a reflexión sobre lingua. Quixera abrir tamén unha vía sobre a palabra *materna*.
Abrimos o arquivo *lingua* e é entón cando xiramos cara a atrás no tempo e lembramos un nome, Aristóteles.
Aristóteles establece unha diferenza entre voz e lingua.
Voz é algo que compartimos cos animais. Unha merla ten voz.
Dunha merla dicimos que canta, pero non articula a voz nunha fala.

Nós falamos; cando articulamos a voz nunha fala–continúa explicándonos o filósofo–a voz desaparece e con ela o animal que tamén somos.

Desaparecer, esquecer, non existir.

Non temos voz. O animal non existe.

Falar, articular a voz é o que nos permite distinguir o ben do mal, é o que nos separa do animal (do animal que somos e dos demais animais). Nós podemos elixir entre o ben e o mal porque esquecemos a voz nunha articulación vocal; así conclúe a escritura grega de Aristóteles.

Preguntámonos: un poema pode ser entendido desde este pensamento, un pensamento que escinde a voz animal e a lingua humana, un pensamento que as separa, que introduce unha imposibilidade cismática entre ambas?

Un poema é un vivente lingüístico que sacrifica/ignora a voz para distinguir entre o ben e o mal?

Pola miña parte sosteño que a voz é a única posibilidade para a articulación dun idioma; sosteño que, sen dúbida, a proposta do filósofo é evidentemente aquilo que nos atravesa e nos configura. Pero sigo–teimuda–sostendo que o sacrificio/ignorancia da voz é un imposible; que, cando menos de min, direi: son unha mamífera humana. E tamén que a voz mediante a que se comunican os cachalotes femias entre elas é tan perfecta coma a que eu uso para dirixirme agora mesmo a vós. E que renuncio a establecer calquera tipo de xerarquía entre a merla e eu (o meu nome non é Adán e non sitúo a miña residencia na paraíso).

E renuncio a esta xerarquía, que me sitúa por diante do

cachalote femia, precisamente porque sei distinguir entre o ben e o mal. Porque comparto con elas o abrente terrestre que é a linguaxe.

Concibo a fala como a imposibilidade de desfacerme do animal e a única posibilidade que teño para poder configurar unha escritura que elixe entre o ben e o mal.

Direi: trato de escribir poemas que non contradigan o que veño de soster. Mellor sería afirmar: o poema é quen di que non debo torcer a súa escritura coas ilusións perversas da especie *sapiens* á que pertenzo.

Na miña consideración un poema é un vivente que acepta a voz animal, a voz finita do animal, a articulación mortal do animal; e traza, cando se escribe, unha imaxe sobre unha superficie nevada.

As falas, as escrituras, os idiomas, son históricas–suxeitas a diferentes mitos e relatos, tal e como xa apuntamos arriba–a voz e a linguaxe, a nosa capacidade lingüística, non é histórica. É a posibilidade que temos para falar, para escribir e construír os relatos históricos. É anterior e á vez conxuga a nosa presenza, o noso aparecer terrestre.

A voz, a vida, a linguaxe, non se elixen porque ninguén elixe nacer. A fala e o idioma no que escribimos si pode elixirse. En todo caso, escribir si se elixe.

Abro a continuación o arquivo *materna*. Adoitamos pensar que *materna* non pertence á columna da Historia; adoitamos pensar que *materna* cae do lado do que–dun xeito interesado–chamamos natureza.

Natureza, desde esta óptica interesada, contraponse a lingüístico; natureza e voz sitúanse do lado do animal.

Natureza e *materno* caen do lado da morte.

Entón atopo pertinente a pregunta, que é o materno?

Sen dúbida o materno é o ventre que nos cría na súa escuridade amniótica con sangue, e que se conecta polo embigo á criatura non nacida. Ese embigo formado polo tecido máis resistente do noso corpo soporta tan altas temperaturas ígneas, que na India e nun crematorio tradicional devólvenche o embigo da persoa defunta coas súas cinzas.

Pero o materno é tamén a nai, cada unha das nais que se dirixe a nós, naipelas e naipelos, nunha lingua que ignoramos e aprendemos da súa boca. Esa nai que transmite a lingua é histórica ao igual que a fala que nos ensina.

É así que podemos preguntar: que brasa lle ardeu na boca, na lingua, á nai de Manuel Antonio, á nai de Xohana Torres, á nai de Rosalía? E que relación hai entre iso que lle ardeu a esa nai e a escritura dos poemas de Pondal, Álvaro Cunqueiro ou Xosé Luís Méndez Ferrín?

Diriamos que o poema vai do materno ao materno; da nai que xera no seu ventre a linguaxe e a voz á nai que nos transmite a lingua na que falamos.

Pecho este segmento convidándovos a pensar o poema coma un ser alado–o pensamento, por exemplo–, pero tal vez sexa máis plástico optar por unha bolboreta. Unha das alas sería madre linguaxe e a outra madre fala. Alí onde a dobre noción do materno se cruza é o poema–o corpo do insecto–un poema que á vez é mudo, sonoro e articulado. Fala e cala, aprende a falar e esquece.

Segmento cuarto

Se un vivente é un ser suxeito ao parto e á súa desaparición, non é un inmortal.

Penso o poema como un vivente, e acepto a súa desaparición.

Instalo a noción: ningún poema é un inmortal. Naturalmente a mortalidade dun cordal montañoso non ten a duración dunha pompa de xabón.

Instalo, para evitar que se entenda mal o feito de concibir o poema como un vivente, o seguinte: concibir o poema como un vivente non se opón a pensalo como unha tecnoloxía.

Aquí técnica non está en oposición coa natureza.

A nosa natureza *sapiens* é a técnica.

A lingua articulada é unha técnica.

A voz é precisamente o soporte que fai posible a tecnoloxía do idioma.

A natureza non é só iso que observamos cando dicimos: que fermosa paisaxe. A natureza é sobre todo o que nós somos.

Unha das figuras da natureza somos nós, outra das súas manifestacións configúrase como un poema.

Un poema é unha tecnoloxía/un metro, en ningún caso un irracional.

Engado–e desde outra óptica–que o concibo como un suxeito. Indico aquí que non establezo xerarquía entre poeta e poema.

Cando afirmo que é un suxeito trato de expresar que sen poema non hai poeta; poeta é aquel ou aquela que escribe poemas.

É o poema quen determina a existencia da poeta e non ao

contrario.

Dicimos, un poema é un vivente.

Preguntamos, que clase de vivente?

Respondemos, un vivente lingüístico, un vivente que configura unha lingua propia dentro da que é común, sexa cal sexa o idioma no que se escriba.

Sabémolo: tres son os usos máis comúns da lingua articulada; con eles pronunciamos:

–un mundo: isto é unha bolboreta.

–un eu: amo a bolboreta.

–un concepto: hai bolboreta,

Preguntamos: que relación se establece entre a lingua do poema e a lingua de uso?

Un poema é un vivente (oral ou escrito) que–coas mesmas palabras que usamos para dicir un mundo, un eu e un concepto–constrúe outro uso que non serve para propoñer un mundo. Tampouco para expresar as emocións ou os sentimentos dun eu, nin para delimitar conceptos.

Un poema é un vivente que nace xusto cando quedamos sen a posibilidade da lingua de uso, cando enmudecemos e esquecemos a lingua na que nos comunicamos.

Esquecer a lingua de uso supón regresar ao lugar da mudez sonora, ao tempo no que non sabiamos falar e tiñamos que aprender. Supón regresar ao tempo da dormente porque cando nos erguemos temos que lembrar a fala, que esquecemos todas as noites cando pechamos as pálpebras.

Porque a lingua non se aprende dunha vez para sempre,

aprendémola e esquecémola a cotío.

E supón regresar a esa psique anterior, a ese tempo aorístico no que como especie estabamos a piques de falar, pero... aínda non falabamos.

Enmudecemos en circunstancias diversas, enmudecemos en xeral ante os grandes temas do poema: o nacemento, o amor e a morte e todos os subconxuntos que deles se derivan.

O poema é dalgún xeito unha lingua que teima en falar e escribir o enmudecer: o parto, o amor e a morte. Faino de múltiples maneiras e atravesando todas as posibilidades da lingua de uso e a ausencia desa lingua para dicir o que non se pode dicir, o indicible.

Cando falamos do indicible non nos referimos a unha carencia da lingua. Referímonos a unha imposibilidade radical da especie á que pertencemos: a imposibilidade que temos de dicir algo sobre o nacemento, o amor ou a morte.

Pero o poema vive nese arder, nesa fame que é a súa teima por dicir o que se descoñece, o que non se pode dicir.

Vai de contado que todo poema é un fracaso, pero ese ser un fracaso é inseparable da nosa presenza na Terra, porque o que celebramos nese fracaso, neses versos finais, é a voz e a posibilidade que temos de articulala e falar...
falar para dicilo todo
falar para non dicir nada e falar por falar
falar para facernos preguntas e falar para dicir que non, que non estamos a favor da privatización da lingua, da privatización da voz
que non estamos a favor de que nos deixen sen palabra, sen capacidade
para discernir o ben do mal e reducirnos á escravitude
isto que nos sucede.

Un poema escríbese do lado da xustiza, nunca baixo o imperio da lei lingüística.

Un poema é un animal que bebe o sangue do anterior e cóspea na lingua de uso común.

Un poema é un ser fóra de xuízo.

Pensar sobre o poema é se cadra tamén preguntarse polos soños do poema: que soña un poema? Tal vez atopemos algún indicio achegándonos aos límites nos que se xera a existencia dun poema.

Unha das respostas podería ser aquela que nos di que o poema soña con ser música, é dicir, con anular o signo que é palabra. E por outra banda con ser concepto ou cifra e avanzar tal e como o fan as Matemáticas ou a Filosofía.

Entón os límites para un poema poderían ser por unha banda a música, e por outra á argumentación lóxica e matemática.

Pero un poema, sendo como é un ser musical, non pode ser música.

Pero un poema, sendo como é un ser que argumenta, non pode ser filosofía.

Pero un poema, sendo como é un ser de cálculo non pode ser matemático.

Móvese e soña entre a música, a filosofía e a matemática sendo tan só el mesmo. Unha palabra destinada ao inmemorial, ao nacemento e á finitude, destinada á celebración do que a desborda. Sublime é que poidamos articular a voz nunha fala e traducir esa fala a unha imaxe que chamamos escritura.

Lemos poesía, escoitamos poesía para comprender. Comprender é expandir o corpo; esa expansión sería o pensamento do poema. Un pensamento que se modula coma a música pero desde o signo, un pensamento que non avanza só mediante argumentos; avanza mediante intensidades. Intensidades sonoras e intensidades que proveñen das imaxes e dos xestos, desde esa psique anterior, aorística, arcaica porque as imaxes, os xestos, as emocións son anteriores á lingua articulada que falamos.

Cando lemos un poema en alto danzamos, movemos o corpo porque a lectura en voz alta emociónanos e fai que non poidamos permanecer na quietude. Talvez o sosego da teoría ou contemplación veñan logo, logo desa acción que é unha lectura en voz alta. É despois cando comprendemos o abraio e a nosa mente se abisma nesa comprensión, esquecida completamente de si, nun tempo que se abre fóra das horas de uso.

De aí que non poida ser xulgada–esta escritura mendiga que é a do poema, nin o seu dicir–pola voz na que articulamos a celebración inmemorial do que somos, viventes que o poema di e suxeitos, coma el, ao parto, á chegada da luz e á respiración do aire–pneuma, en definitiva–; suxeitos ao amor e á morte.

Segmento quinto

As formas nas que un poema pode escribirse son infinitas, contámolas por milenios.

Hoxe e aquí quixera falarvos desa fórmula que se enuncia así: un poema que é e non é un poema.

Axudareime, para ir máis rápida, da mesa de Ishigami– gustaríame que prendésedes os móbiles e fixésedes unha procura. Tedes que teclear xustamente iso, 'Ishigami mesa' ou 'mesa de

Ishigami'.

A mesa de Ishigami é unha mesa que é e non é unha mesa. É unha mesa porque evidentemente é unha mesa, pero nela non podemos xantar, non podemos xogar ás cartas nin a ningún outro xogo; por non poder, nin tan sequera podemos rozala coa xema dun dedo: ao facérmolo, a mesa colapsa. Con todo, a mesa de Ishigami é unha mesa.

Existen títulos de poemarios así: *Trilce*, de César Vallejo, logo de cen anos de interpretación, seguimos sen saber que significa. Pero sen este título a poesía occidental do século XX non sería o que é.

Existen versos así, este de Xela Arias: "Íspeme o idioma e sábemo suando en sida".

Existen poemas así, ese de Xosé Luís Méndez Ferrín que pecha *Estirpe* e que se titula "Colofón" (léolles o comezo):

Verba estirpe, marmaña, Sárdoma na terra.
Eran estas as nocións: touza, carqueixa,
corga, Carnota. As gándaras do sentido, as poulas
nas que o ser se entorga: toutizos, coios.
Támega, Tamuxe, Tameiga, tal como brañas enchoupadas, Arnoia
que é escomincipio e a derradeira frouma do alentar de meu.
Visítame, Arousa, paúlo.
Deixa que che meta os dedos na boca, señora miña Arousa.
Un peirao na Barbanza que se chama Pondal.
E cabernas de arca, e cabernas de couso.
Arteixo vira en cambas polos cotos herdados
polas searas do espristo que nunca foi vencido.
Esposo mascato é, píllara tímida eu.

Polo xeral son poemas que non comprendemos de primeiras e en parte a crítica fala deles como experimentais ou vangardistas, que é o que lle apón a crítica aos poemas cando quere ser condescendente e paternalista co poema. En realidade o que non quere é facerse cargo do poema ou se cadra carece–certa crítica–de capacidade para comprender a diferenza que introduce dentro da repetición o poema desta caste. Neste sentido gustaríame lembrar que o canon está composto só por poemas que, dentro da repetición do que é un poema, introducen a diferenza. Unha diferenza que marca a súa contemporaneidade. Noción esta, a de contemporaneidade, que non debemos confundir con actualidade.

Eu teño unha certa preferencia por este tipo de poemas.

Un poema é un poema porque o seu cálculo é perfecto, porque non se pode intervir nel, non lle falta nin lle sobra e máis nos vale non ter a tentación de poñermos a conversar con el. Un poema non establece conversación, non é interactivo. Un poema é coma un océano, coma un cordal, coma un deserto, coma unha tumba. Podemos sen dúbida falar cos océanos, coas montañas, cos desertos e cos defuntos; ninguén o prohibe. Pero son interactivos as ondas, as fragas, os defuntos, os poemas?

O que veño de afirmar non está en contradición coa posibilidade de falar de e interpretar os poemas; dalgún xeito son eles os que nolo permiten. Agora ben, agardar respostas dun poema, tentar calquera tipo de interacción con el é decididamente unha perda de tempo e paciencia.

Un poema escríbese, pénsase con versos finais.

Resta en consecuencia preguntarnos, que é un verso final? Non sei cantas sesións precisariamos para responder a pregunta.

Ídesme permitir a posibilidade de que remate esta intervención aquí e que lea dous poemas de *Sonora,* o meu último libro, publicado en novembro do 2023 por Xerais.

Autorretrato ou encontro co xesto e a psique arcaica

Se me miras no espello
verás os álamos
cara a nacente un parque
e na súa cima estruturas urbanas,
cara ao por do sol as augas corren ceibas
e as árbores agrúpanse en carballeiras
ou son bóveda para o río
as leiras recollen as augas e reflicten os ceos da invernía
ao fondo, os polígonos.
Se me miras de perfil no espello
verás que o acordar oriéntase cara ao sur
e a roupa da cama tende irresistiblemente cara ao norte.
Durero pintou seis veces a almofada na que durmía
se cadra para descifrar o ritmo das imaxes
que só se ven con ollos moi pechos.
Se miras o espello
verás un autobús e, baixando,
turistas que se interesan polo que ven
verás unha anciá moi erguida
reza e acompaña o seu rezo con desprazamentos
que son en si mesmos un rito

non reza porque crea que o meu hálito vai abandonar
dun intre para outro o meu corpo
reza porque sabe que as palabras da oración acougan a dor
móvese porque sabe que os xestos e a danza
son máis antigos que as palabras.
Non, non foi a morte o que vin
a quen vin foi ao Tempo
vinlle os pés e as pernas, vestía un piterpán e fuxía
naturalmente
vinlle o rodo da capa, unha capa curta
iso é o que vin.
Se o espírito tivese centro
recolleríase aí o estalido dos cincuenta mil búfalos degolados
non o ten
expándese por todos e por cada un dos poros da psique,
que é cega
que é arcaica anterior ao xesto
anterior á secuencia de pernas piterpán e capa curta,
ou non?
Os meus soños oriéntanse cara ao sur
porque durmo sobre o costado dereito para non cargar o corazón
corazón sagrado e ardente
ai, corazón!!!

Stalker

:::: antracita
:::: beladona   *purpúrea*
:::: carbúnculo
:::: digitalis
:::: estraloque
:::: deixa que se acheguen
:::: gorxa
:::: pentaloxía timúrida   **H**erat
:::: itifálico –pedra alta– limia/lascaux
:::: k
:::: L :::: M
:::: arco de medio punto que abeira paseantes sorprendidos
      por chuvias imprevistas
      nenúfar

> Nenúfar é a palabra que usamos para indicar a flor que recibe
> ese nome. Calquera turista interesada pode visitar na Orangerie
> As ninfeas *de Monet*. O edificio da Orangerie está preto do
> Jeu de Paume. O Jeu de Paume é un frontón e indica entre
> outras cousas que os territorios de Nafarroa Beherea, Lapurdi
> e Zuberoa pertencen ao Estado francés. Calquera turista ou
> emigrante limiao en París, poñamos na década dos corenta
> do século pasado, podería traducir o título desta pintura por
> As auganas *de Monet*. **Augana** é a palabra que os e as limiás
> usaban, se cadra aínda o fan, para sinalar un nenúfar cando
> na Antela florecía. Nós, nacidas no ano da desecación, nunca
> as vimos; moito nos prestaría escoitar alguén, vivo ou defunta,

pronunciar augana *e de xeito simultáneo ver cos ollos da lembranza o referente flotando nas augas.*

::::: letra que abeira pegureiros das chuvias de abril e das tronadas de maio
::::: segundo apelido do meu pai
::::: primeiro apelido do meu pai
::::: emiratos -aínda estás viva?
::::: a constelación do Stalker

As casas son dúas, rodeadas por un bosque, e nelas cúmprense os desexos recónditos. Nunha delas o heroe esgana unha muller posuída; de regreso crúzase coa constelación do Anticristo e dá en considerar que a **raposa***, o corvo e a cerva tamén poden ser redimidos. O Stalker sae dos límites da fraga ou "natureza primixenia", os corpos das mulleres queimadas ao longo do tempo van cara á montaña. Benaventuradas.*

::::: Stalker
::::: Tarkovskii
::::: u
::::: uve de vitoria / arado
::::: uve dobre / punta de frecha / arado
::::: incógnita
::::: camiño que se bifurca
::::: Zona

ADDEN-
DUM

Colophon   (Xosé Luís Méndez Ferrín, tr. Erín Moure)
for Chus Pato and Xabier Cordal

Heritage of words, drizzle, earthly Sárdoma.
The concepts are these: scrub, broom-spike,
highrut, Carnota. Weedtangles of meaning, the fallows
in which being takes root: in ragged roughs, in rocksoil.
Támega, Tamuxe, Tameiga, such waterlogged fens; and Arnoia
the primal and final pine-needle (windsound) of my life-breath.
Come unto me, Arousa, strewgrass.
Open your mouth to my fingers, Arousa my mistress.
A pier into the Barbanza named Pondal.
And ribbed timbers starboard, and ribbed timbers port.
Arteixo rolls its cart wheels over hereditary hillplots
via ancestral seedings of the spirit that was never conquered.
Great gannet, it is; and me timid gull.
Say *berce* to the enemy and see him emaciate.
In Patria there's a river that came to be called I, and so.
Deva drops downhill in dense fog, through soft sod,
Through the birch groves of birches far-off flung.
First off: *a lousa*, death to the foreign oppressor.
Hill gorse, nestle us, hautbush, to console us in the unravelling.
Lamas, Ulla, Limia, Illó: mountain woman, oh, with avid loins.
Ay, to me you are a fertile plain.
Your hair parted, beloved, your lair, your sweet burrow, bush.
How you are, ancestral fields, mighty granaries.
Thatched cottages we populate with a spirit cast down

into such ravines.

Lips, grainfields, great yearning.

Do not forget the heritage of words

that are death to the foreign oppressor, they cleanse us.

Forever you'll say: *URCES*.

Repeat: *os carballos*.

A colophon appears at the end of a book, and states where it was made and who made it. Here, Galicians are the makers, Galicia the place. Throughout his poem, Ferrín refers to the place names and topographic features of Galicia and thus to their difference as a people in history, and still today. Throughout, he plays with Galician vocables; part of the poem's meaning is conveyed through their *sounds*. A dictionary alone leaves a translator lost, not just because many of the words are rural, are old (these can be traced with some stubbornness, I attest) but because dictionaries do not speak, have no accent. Unless a reader in English realizes that the toponomastics and topographies and earth words are Galician (and Ferrín selects words with roots in pre-Roman Celtic tongues, older than Latin, than Spanish) and sound different in Galicia, they will miss the point of the poem! A Galician reader/listener, though, would know the sound of someone choosing to speak Galician instead of the colonial tongue, and would know the Spanish words for what Ferrín insists in Galician: berce is not cuna (cradle), a lousa not la losa (the flagstones), urces is not brezos (heather or heaths), and from the very first sound of its article, *os* carballos is not *los* robles (the oaks). These four words I chose to maintain in Galician in my English translation—so as to not permit English to bury the Galician difference and sounds that so powerfully withstand Spanish hegemony. If I put "cradle" for "berce," for example, you don't know why the Spanish emaciate on hearing it! It won't hit you with its strange force, if I put it in our hegemonic English tongue. But to hear the word "cradle" in Galician, *berce*, is to hear the cry of children of the future in defiance of hegemony; it is to know that Galician will not die. The sound of *berce* too is like the sound of *verse*, the pronominal verb: to see oneself. Ferrín's poem says that to speak Galician, to speak like a Galician, is to be born *and see oneself*, to resist the oppressor foreign to Galicia, the colonizer, Spain (and, I add, the colonizing language, English). Sound is so crucial here: when Ferrín says pine-needle he evokes the sound of pines in wind. And the Galician national anthem is *Os Pinos*, "The Pines," a poem by Eduardo Pondal, who is also named in Ferrín's poem. Galician, the language, is thus forever the colophon, *the finishing touch,* the proof of the makers, of the Galicians who speak it. At https://soundcloud.com/nire-eruom/colofon-by-ferrin-tr-by-moure Ferrín and Moure read the poem (Ferrín's voice borrowed from 54.32–57.45 https://www.youtube.com/watch?v=Q7E7NufGw3g).

Colofón (Xosé Luís Méndez Ferrín)
para Chus Pato e Xabier Cordal

Verba estirpe, marmaña, Sárdoma na terra.
Eran estas as nocións: touza, carqueixa,
corga, Carnota. As gándaras do sentido, as poulas
nas que o ser se entorga: toutizos, coios.
Támega, Tamuxe, Tameiga, tal como brañas enchoupadas, Arnoia
que é escomincipio e a derradeira frouma do alentar de meu.
Visítame, Arousa, paúlo.
Deixa que che meta os dedos na boca, señora miña Arousa.
Un peirao na Barbanza que se chama Pondal.
E cabernas de arca, e cabernas de couso.
Arteixo vira en cambas polos cotos herdados
polas searas do esprito que nunca foi vencido.
Esposo mascato é, píllara tímida eu.
Dille berce ao inimigo, e veralo esmaciar.
En Patria río hai que chega a ser chamado Eu, ou qué.
Deva devala en meras, por panasqueiras tenras,
polos biduídos dos bidos lonxanos.
Primeira cousa: a lousa, morte ao estranxeiro opresor.
Toxo esgrevio acódenos, arnal, por consolarnos na desfeita.
Lamas, Ulla, Limia, Illó: carpazona, eih, coa virilla quente.
Ai, como tu es veiga pre min.
A túa crencha, prenda, teu buraco, teu buraquiño, bouza.
Cómo sodes, as senras, qué cabazo.
As cabanas de colmo a poboarnos a ánima esfragada

neses caborcos.

Os beizos, as várceas, a saudade.

Non esquenzas as verbas estirpe
que son morte pró estranxeiro opresor, elas nos lavan.

Sempre dirás: URCES.

Repite: os carballos.